Pn.

Damond Tillie

Contenu

Chapitre 1

Changez vos pensées, changez votre vie

Vous êtes-vous déjà demandé ce qui rend la vie des gens misérable ? Est-ce la pauvreté ? Est-ce le stress au travail ? Est-ce des problèmes familiaux ? Laissez-moi vous assurer que ce n'est rien de tout cela! La vraie chose qui est responsable de rendre les gens malheureux, ce sont leurs propres pensées sur eux-mêmes et sur l'avenir. Les gens perdent tellement de temps à s'inquiéter pour leur vie que s'ils passaient la moitié de leur temps à essayer d'améliorer leur vie, leur vie serait bien meilleure. Donc, si vous souhaitez avoir une vie merveilleuse, vous devez commencer par des pensées merveilleuses. "Mais les mauvaises pensées reviennent" vous dites? La PNL vient à la rescousse avec un arsenal de techniques pour vous aider à contrôler vos pensées et à changer vos états émotionnels en quelques minutes. Voyons ces techniques.

États d'ancrage

Et si vous pouviez toujours vous sentir bien quelle que soit la situation dans laquelle vous vous trouviez ? Et si vous pouviez rester heureux pour toujours ? Si ce qui précède semble trop beau pour être vrai, ce n'est pas grâce à la technique de la PNL appelée ancrage.

Technique PNL n°1 : Ancrer les bons sentiments

- Fermez les yeux et imaginez un écran de cinéma devant vous où vous pouvez voir vos pensées et un levier devant l'écran qui dit "Fun".

- Pense à l'expérience la plus merveilleuse que tu aies vécue dans la vie, une expérience qui te fait sourire encore maintenant, et laisse- la jouer à l'écran. Ressentez cette expérience à son le plus complet.

- Maintenant, imaginez que l'image se rapproche et s'agrandit à mesure que la sensation com- mence à se renforcer. Faites attention aux détails de ce que vous voyez.

- Ensuite, déplacez lentement le levier (qui dit "fun") vers le haut. Pour le rendre encore plus réel, faites un geste avec vos mains.

Lorsque vous déplacez le levier vers le haut et augmentez le sentiment de joie, imaginez une voix dans votre tête disant « Que le plaisir commence » à plusieurs reprises.

- Lorsque vous déplacez le levier vers le haut, laissez l'image devenir encore plus colorée, plus grande et plus lumineuse. Ressentez la sensation merveilleuse pendant un certain temps. Ensuite, tirez le levier vers le bas et revenez à votre état normal.

Enfin, pour confirmer que l'ancrage a réussi, fermez les yeux et saisissez le levier imaginaire et déplacez-le vers le haut en vous disant : « Que le plaisir commence ». Ce sentiment de bonheur reviendra.

Comme vous le voyez, dans cette technique, une expérience merveilleuse est évoquée et amplifiée en augmentant plusieurs facteurs tels que la couleur, la luminosité, la taille et l'intensité de la sensation ; ces facteurs sont appelés « sous-modalités » en PNL. Ceux-ci déterminent l'intensité ou la qualité d'une pensée. En amplifiant ces sous-modalités et en les associant à un simple geste (de déplacer le levier), une personne peut fixer une sensation merveilleuse par un simple geste après quelques séances d'ancrage !

Éliminer les mauvais souvenirs et pensées

Comme déjà mentionné, ce sont les mauvais souvenirs et les mauvaises pensées qui rendent la vie d'une personne mauvaise, pas les problèmes réels. Les sous-modalités peuvent également être utilisées pour éliminer ces pensées. Le principe ici est le même que celui utilisé pour ancrer un sentiment, c'est-à-dire que l'intensité des images, des sons et des sentiments associés à un souvenir est modifiée pour donner lieu à un état d'esprit différent. Par exemple, si vous prenez une mauvaise expérience et modifiez ses sous-modalités, elle ne vous semblera plus aussi mauvaise.

Technique PNL n°2 : Se débarrasser des mauvais souvenirs

- Pensez à une expérience qui vous dérange. Cela peut être une querelle du passé, une occasion manquée, un événement douloureux ou autre chose.

- Concentrez-vous sur l'image ou la vidéo de cet événement dans votre esprit. Faites disparaître les couleurs pour que l'image apparaisse en noir et blanc.

- Ensuite, rendez l'image de plus en plus petite et enlevez toute sa luminosité. Si vous entendez des sons ou des mots associés à l'événement, faites-les disparaître. Vous vous sentez de plus en plus détendu et heureux à mesure que le mauvais souvenir diminue.

- Maintenant, l'image est vraiment petite, dépourvue de couleur et n'a pas de son associé. En fait, il est si petit qu'il faut plisser les yeux pour pouvoir le voir dans sa tête.

- Lorsqu'il a la taille d'une particule de sable, vous pouvez simplement le brosser.

- Répétez cette technique à chaque fois que le souvenir revient. En quelques séances, cela cessera de vous déranger.

Lorsque nous pensons, nous faisons des images, des sons, des sentiments ou une combinaison des trois ci-dessus. En modifiant ces images, sons et sentiments, toute pensée peut être amplifiée ou éliminée. Ensuite, ce changement d'état d'esprit peut être utilisé pour changer notre comportement et nos actions. Une vie merveilleuse

Ainsi, ce ne sont pas les vrais problèmes qui sont affligeants, mais vos cartes internes de ces problèmes. En fixant (en ancrant) un état de béatitude et en éliminant les états négatifs, vous pouvez changer ces cartes. Pouvez-vous imaginer à quel point la vie serait merveilleuse avec une nouvelle et belle carte ? Chaque problème semblera si trivial et chaque échec deviendra une expérience d'apprentissage.

Lorsque vous avez ce genre d'attitude, améliorer votre niveau de vie, obtenir l'amour de votre vie ou réussir dans votre carrière deviendra presque trop facile.

Chapitre 2

La première étape, Connaître votre résultat

Il peut être évident que pour atteindre un objectif, il faut savoir quel est l'objectif. Mais quand il s'agit de PNL, il n'est pas si facile de se fixer un objectif. Il y a certaines caractéristiques d'objectif que l'on doit connaître, pour qu'il soit réalisable. Il est important d'avoir des résultats spécifiques et conscients afin de vous diriger ou de diriger votre entreprise.

Les gens peuvent avoir des objectifs,

mais ils ne connaissent souvent pas le résultat conscient ou physique. Ainsi, ils essaient d'atteindre leur objectif sans aucun progrès, ce qui entraîne une errance sans fin dans la vie. Les objectifs ne sont pas suffisamment précis pour pouvoir guider leurs pensées et leurs actions. D'autres n'ont aucune idée de ce qu'ils veulent, mais savent ce qu'ils ne veulent pas ; ainsi, leur vie se concentre sur le fait d'éviter les choses qu'ils ne veulent pas qu'elles se produisent. Si les gens savent ce qu'ils veulent, ils iront vers les choses qu'ils veulent.

Cela peut être difficile à comprendre, mais il existe certains critères que l'on peut utiliser lors de la définition d'un objectif pour vérifier s'il s'agit d'un objectif réalisable ou non. Tout d'abord, l'objectif doit être énoncé positivement. Cela montrera que le résultat est quelque chose que vous voulez vraiment, et non quelque chose que vous voulez éviter. Par exemple, un objectif qui dit "Je ne veux pas être dans ce travail pour toujours" n'est pas un bon objectif car il se concentre uniquement sur le négatif. Il doit préciser où vous voulez aller. Au lieu de dire « Je ne veux pas occuper ce poste pour toujours », ce sera une attitude plus positive, objectif de dire : « Je veux être superviseur l'année prochaine ».

Deuxièmement, l'objectif doit être quelque chose qui peut être réalisé.

Qu'est-ce que ça veut dire? L'objectif doit être logiquement et pratiquement possible. Le niveau de frustration augmente si l'objectif n'est pas pratique et logique. Un objectif comme "Je veux gagner à la loterie" n'est pas du tout un objectif car il n'est ni logique ni pratique. Vous ne pouvez rien faire d'autre que tout laisser au hasard, et cela vous conduira à errer sans but précis, en attendant simplement les résultats de chaque tirage au sort.

Troisièmement, l'objectif doit pouvoir être testé. Il faut aussi le démontrer. Il devrait y avoir des preuves qu'il est réalisé. Un objectif comme "avoir une bonne vie", bien qu'il soit idéal, ne peut pas être considéré comme un "bon" objectif car il n'est pas mesurable, et avoir une bonne vie est subjectif, en fonction de l'ensemble des expériences et du mode de vie de la personne. Ce critère permet de déterminer si l'on progresse ou non vers son objectif. Au lieu de cela, un objectif qui dit : « Je veux avoir 10 000 $ sur mon compte bancaire à la fin de l'année » est un meilleur objectif car il est spécifique. Il est testable simplement en regardant votre compte bancaire et démontrable de la même manière.

Quatrièmement, l'objectif doit être initié et maintenu par la personne ou

l'organisation qui l'a défini. Le contrôle et la responsabilité doivent appartenir à la personne ou à l'organisation, et non à quelqu'un d'autre ou à d'autres groupes. Ce n'est pas un bon objectif s'il dépend des actions d'autres personnes ou d'autres organisations. Vous devriez être celui qui poursuit activement l'objectif, sans dépendre des autres. Si vous voulez changer une autre personne ou une autre organisation, vous devez d'abord chang-er vous-même et votre comportement de manière à affecter l'autre partie, en la poussant à changer. "Je veux que mon voisin John arrête de faire du bruit après minu-it" n'est pas un bon objectif car cela dépend des actions de votre voisin, mais un objectif comme "Je vais aller parler à John du bruit qu'il fait après minuit" montre que la personne qui veut le but est un sujet actif et ne laisse rien au hasard.

Cinquièmemement, l'objectif doit pouvoir vous mettre, vous ou votre organisation dans un meilleur endroit ou une meilleure position. Un exemple d'objectif sera "Je veux que notre boisson gazeuse soit le choix des consommateurs" est un bon objectif car il place votre produit dans une meilleure position que son état actuel. Améliorer son statut dans la vie ou améliorer la percep-tion de votre organisation est un bon objectif.

Enfin, considérez les conséquences

de votre objectif. Cela ne devrait pas avoir d'effets néfastes sur vous-même, d'autres personnes, votre organisation ou d'autres parties. Cela devrait avoir un effet positif sur toutes les personnes qui seront touchées par l'objectif. Donner l'exemple de John, le voisin, "Je vais aller parler à John du bruit qu'il fait après minuit" améliore non seulement votre état, mais améliore également votre relation avec votre voisin. Cela aide également votre voisin à réaliser son erreur et éventuellement à changer.

Si votre objectif répond aux normes, alors c'est un bon objectif. Cela rendra vos objectifs conscients et spécifiques.

En résumé, son objectif devrait avoir les critères suivants :

1. L'objectif doit être positif.

2. L'objectif doit être quelque chose qui peut être réalisé.

3. L'objectif doit être testable et démontrable.

4. L'objectif doit être initié par le sujet.

5. L'objectif devrait vous mettre dans un meilleur endroit.

6. L'objectif ne doit pas avoir d'effet négatif sur vous-même ou sur d'autres personnes.

Chapitre 3

Méthodes et techniques PNL

Les méthodes ou techniques PNL peuvent changer et améliorer presque tout ce que vous faites !

Les techniques fonctionnent-elles ? La reponse courte est oui. Vous pouvez en tirer profit et peut-être même aider les autres, même avec les connaissances que vous avez acquises grâce à la lecture de ce livre. Suivez attentivement les descriptions et soyez prêt à faire quelques expériences.

Voici quelques méthodes ou techniques PNL que vous voudrez peut-être apprendre pour améliorer votre quotidien.

Bâtir des rapports

Pourquoi avons-nous besoin de créer un rapport ?

Lorsque nous sommes en relation avec une personne, les similitudes entre nous sont soulignées et les différences réduites ou minimisées. Cela fonctionne parce que c'est dans la nature humaine d'aimer être aimé.

C'est la raison pour laquelle nous gravitons normalement vers des personnes que nous pensons être comme nous. Ce processus d'accentuation des ressemblances entre nous et les autres est vraiment la base importante d'une communication efficace - s'il n'y a pas de rapport, alors il n'y a pas de communication réelle.

Comment gagner en relation

Pour réussir à établir des relations, vous devez savoir observer et écouter. Vous devez être vraiment patient avant de procéder avec votre propre point de vue.

L'adaptabilité est la clé. Écoutez attentivement le point de vue de l'autre et imaginez-vous à sa place avant de penser à la vôtre.

Sans imiter de manière réactive, faites correspondre l'énergie, le style de parole et le geste de l'autre personne.

Si la personne parle vite, essayez de parler aussi vite qu'elle le fait pendant un certain temps, puis ralentissez et voyez si le discours de la personne correspond au vôtre. Faire correspondre le rythme respiratoire de l'autre personne est la voie à suivre. C'est ce qu'on appelle la correspondance et la mise en miroir. (assurez-vous d'imiter la personne correctement et de manière inoffensive, sinon vous risquez d'obtenir le résultat inverse).

Construire un rapport est-il à propos de la PNL ou du bon sens ?

Vous pourriez dire que c'est simplement du bon sens. Eh bien, ça l'est, mais la PNL peut nous aider à nous concentrer sur le problème. Fournissant des méthodes pour nous aider, il nous rappelle que nous devons étudier nos relations sous tous les angles. La création de relations en fait partie.

Dissociation

Le mot «dissocier» signifie séparer en parties distinctes.

Fondamentalement, la dissociation consiste à être détaché. Il est considéré comme utile parmi les praticiens de la PNL d'être délibérément détaché pour acquérir une meilleure perspective. Ceci est normalement réalisé en changeant, en recentrant ou en limitant l'attention ; se concentrer sur un fantasme intérieur, par exemple, contrôler la douleur.

Utilisation de

l'association/dissociation

Le motif de dissociation est une technique importante. Quand on est connecté, on fait revivre une expérience, on en ressent toutes les sensations. Lorsque vous êtes dissocié, vous avez la possibilité de vous observer et d'observer les sentiments que vous ressentez face à la situation.

Quand être dissocié

Être dissocié d'expériences ou de souvenirs désagréables peut être bénéfique. Comment vous encouragez-vous à faire un travail chronophage ou désagréable ? Regardez-vous faire les étapes du travail et associez le résultat au bon état d'esprit d'avoir terminé la tâche.

Comment effectuer correctement la dissociation

Il n'est pas difficile de réagir aux choses négatives et ensuite devenir anxieux ou consterné à ce sujet.

La technique suivante peut vous aider à neutraliser les sentiments négatifs dans de telles situations. Il peut même traiter les phobies, car il vous permet de voir objectivement la situation.

Voici les étapes :

1. Sachez quelle émotion vous aimeriez vous décharger de vous- même, qu'il s'agisse de la peur

des insectes rampants, de l'inconfort avec une personne ou de l'aversion pour un endroit sombre. 2. Imaginez-vous face à la situation du début à la fin, en tant que spectateur.

1. Jouez ce film mental à l'envers, puis avancez-le rapidement, puis rejouez-le à l'envers.

2. Ajoutez de la musique amusante tout en jouant le film dans votre milieu. Effectuez cette opération au moins 3 à 4 fois.

3. Maintenant, essayez d'imaginer la même situa-

tion que si elle se produisait maintenant. Continuez à faire l'exercice jusqu'à ce que les sentiments envers le stimulus aient changé ou disparu.

Recadrage du contexte

Il s'agit d'un processus qui convertit un événement négatif en un événement positif en vous faisant

réfléchir davantage au contexte. Par exemple, si vous avez tendance à être dérangé par un sans-abri qui vous supplie de changer lorsque vous marchez dans la rue parce que vous pensez qu'il est trop paresseux pour travailler, vous pouvez changer cette pensée et à la place, pensez qu'il vient peut-être de perdre sa maison ou sa famille et n'a d'autre choix que de vivre temporairement dans la rue. En élargissant le contexte et en considérant la probabilité qu'il y ait des raisons plus profondes pour lesquelles il doit vivre dans la rue et mendier de l'argent à des étrangers, vous effectuez un recadrage du contexte. Cela change votre contexte obligeant un changement dans votre croyance limitante.

Le recadrage du contexte est vraiment utile dans les événements qui se produisent soudainement et sont incontrôlables. Voir une situation dans l'autre sens est très utile pour réduire votre stress. Être ouvert à d'autres possibilités en dehors de votre impression initiale est la clé du recadrage du contexte.

Humour Et Créativité

Le recadrage apparaît généralement comme des blagues. Ce qui semble être une chose change et devient autre chose.

La situation vous emmène dans un sens et la ligne de soufflage vous dirige dans un autre.

Le recadrage nécessite de la créativité - il s'agit de mettre une situation ou une chose normale dans un nouveau cadre qui est bénéfique ou agréable.

Un point de vue différent

Le recadrage PNL avec contexte est basé sur les présupposés PNL selon lesquels tous les comportements sont bénéfiques dans certaines conditions.

En pensant à un contexte bénéfique, vous êtes en mesure de modifier votre réaction à ce comportement.

Lorsque vous essayez de faire en sorte qu'un ami regarde les choses d'une manière différente, regarde un autre point de vue ou pense à d'autres facteurs, vous essayez de recadrer la situation pour obtenir une réponse différente.

Voici quelques exemples de recadrage de contexte :

•Les politiciens sont les meilleurs pour recadrer. Il semble que peu importe ce qui se passe, ils pourraient y apporter une tournure constructive pour eux-mêmes et / ou une tournure destructrice pour leurs rivaux.

•Vous pourriez être frustré par le fait que votre femme ait invité un sans-abri à un repas. Jusqu'à ce que vous vous rendiez compte que cette personne n'a rien mangé depuis deux jours.

•Regardez cette vieille chaise dans votre sous-sol qui a été oubliée. Immédiatement, si quelqu'un vous dit que c'est une antiquité chère, vous le verrez probablement d'une manière différente

En d'autres termes, le recadrage du contexte consiste à regarder quelque chose sous un angle différent. La plupart des comportements sont bénéfiques ou adaptés dans certains contextes.

Changement de croyance

Les méthodes PNL peuvent briser vos croyances exis-
tantes et vous permettre de regarder le monde avec
plus de clarté et de précision. Cela vient avec de nombreux avantages. Vous apprenez plus de choses sur la
vie et vous en comprenez plus sur les autres et sur les
raisons de certaines choses qu'ils font.

Cinq sources principales pour vos croyances

Coutume : Les croyances sont souvent transmises dans
les familles de génération en génération. Un bon exemple de cela est la religion. Pensez-vous qu'un enfant
priera et croira en un certain Dieu dès sa naissance
? Il croit ce qu'il est dit. C'est une pratique culturelle
qui jette les bases d'un système de croyances principal.
Les préjugés familiaux, la culture sociale et les préjugés
sociaux sont très convaincants.

Autorité : tout comme la coutume, les premières croyances proviennent de personnes qui ont fait preuve
d'autorité dans nos vies. En plus de nos parents, ils
pourraient être nos enseignants, médecins, médias et
autres.

Association : la plupart du temps, nous adoptons
nos croyances d'un certain groupe de personnes avec

lesquelles nous nous associons. C'est particulièrement vrai pour les adolescents qui veulent laisser une empreinte sur la société dans laquelle ils vivent. Ces croyances peuvent aller à l'encontre des croyances traditionnelles qu'ils avaient au début, ou elles peuvent les rendre encore plus fortes. C'est la raison pour laquelle les parents essaient de guider leurs enfants dans le choix de leurs amis. Un cercle d'amis peut facilement s'influencer.

Preuve : Nous développons avec maturité un esprit critique qui nous permet de reconnaître et de justifier notre raisonnement. Il y a des gens qui ne croient pas en certaines choses à moins qu'ils ne les voient de leurs propres yeux ou qu'ils n'obtiennent des preuves à l'appui.

Sixième sens : Certaines personnes suivent leurs instincts. Ils ne trouvent aucune explication logique à une certaine chose mais y croient parce que c'est ce qu'ils ressentent.

Croyances limitantes

Les croyances limitantes sont les croyances que nous gardons pour nous-mêmes ou pour les autres et qui restreignent notre capacité à grandir. En PNL, les croy-ances limitantes peuvent être divisées en 3 grandes catégories : se sentir désespéré, se sentir impuissant et se sentir sans valeur. Ces croyances limitantes sont généralement exprimées à travers le langage et les ac-tions comme une représentation précise d'un système de croyances individuel.

Se sentir désespéré - "Mon objectif est impossible à atteindre, quoi qu'il arrive."

Se sentir impuissant - "Mon objectif est possible, mais je ne peux pas l'atteindre."

Se sentir inutile - "Je ne suis pas assez

bon, donc je ne mérite pas d'atteindre cet objectif."

Les modèles de langage ne reflètent pas seulement des croyances limitantes, mais servent également de support à ces croyances limitantes enfaire une série de pensées négatives faisant autorité.

Technique de changement de croyance

Suivez ce processus étape par étape pour briser vos croyances destructrices :

Étape 1 : Associez-vous pleinement à la croyance qui bloque votre chemin

pour réaliser vos rêves, vos objectifs et vos résultats positifs. Vous trouverez peut-être un lien avec cette croyance avec votre expérience passée. Étape 2 : Pensez à une croyance forte et bénéfique concernant quelque chose dans lequel vous excellez déjà. Il n'a pas besoin d'être similaire à celui que vous devez atteindre; pensez simplement à quelque chose pour lequel vous savez que vous êtes doué. Étudiez ses qualités.

Étape 3 : Trouvez une croyance limitante que vous aviez auparavant mais dont vous vous êtes débarrassé avec succès. Voyez si vous pouvez l'utiliser sur vos croyances actuelles.

Étape 4 : Posez-vous les questions suivantes :

- En quoi cette croyance est-elle stupide et ridicule ?

•La personne qui m'a fait croire était-elle fiable ?

- Comment cela m'affectera-t-il si je n'abandonne pas cette croyance émotionnellement, physiquement, financièrement ?

- Quels avantages puis-je obtenir si j'abandonne cette croyance ?

Trouvez la réponse à cette question. Vous verrez comment votre vie sera plus facile si vous décidez de les abandonner.

Étape 6 : Avancez rapidement et pensez à quel point votre vie sera différente si vous changez votre croyance en quelque chose de constructif.

Étape 7 : Prenez une décision. C'est seulement à vous de décider si vous voulez vous limiter à votre ancienne croyance ou vous faire une faveur et l'abandonner.

Ancrage et déclencheurs

Les ancres sont des stimuli qui suscitent des états d'esprit - pensées et émotions

L'ancrage est une méthode PNL utile pour créer un certain ensemble d'émotions ou de pensées. Cela inclut très probablement un geste, un toucher ou un mot comme « ancre » qui efface les émotions négatives.

Les déclencheurs fonctionnent de la même manière que les ancres, à une différence près : ils suscitent des comportements au lieu de pensées ou de sentiments.

Comment faire des ancres PNL Les ancres peuvent être visuelles, sonores, olfactives, gustatives ou physiques.

Ancre visuelle : peut être un symbole, une personne ou tout élément visuel.

Ancrage sonore : peut être externe ou interne, comme une chanson qui fait ressortir un sentiment fort en vous.

Ancrage physique : par exemple, vous pouvez serrer le poing ou toucher votre oreille.

Étape 1 : Choisissez une mémoire. Choisissez un souvenir avec des sentiments extrêmes qui s'y

rattachent. Si vous souhaitez ancrer la «confiance», choisissez un souvenir ou une expérience où vous vous sentiez très confiant. Si vous souhaitez ancrer la «motivation», choisissez un souvenir ou une expérience où vous vous sentez vraiment motivé. Si vous ne pouvez pas trouver de souvenir similaire à celui-ci, imaginez-vous simplement dans une telle situation.

Étape 2 : Associez-vous à cette

mémoire. Recréez le souvenir en le regardant à travers vos propres yeux. Il est également préférable de jouer avec l'imagerie. Dans la mesure du possible, rendez l'image plus large, plus lumineuse et plus claire. Plus l'image est vive, plus il vous est facile d'effectuer l'ancrage.

Étape 3 : Ancrez le sentiment. Comme mentionné précédemment, lorsque vous commencez à ressentir des émotions positives, créez un déclencheur (comme toucher votre lobe de l'oreille ou serrer votre poing avec le pouce à l'intérieur).

Étape 4 : Lâchez prise au sommet. Lorsque votre émotion est à son plus haut niveau, relâchez la gâchette. Cela peut prendre un certain temps pour le faire, mais ce n'est pas vraiment difficile à maîtriser.

Étape 5 : recommencez. Recommencez au moins 3 à 4 fois. Vous pouvez utiliser la même mémoire.

L'ancrage est un moyen incroyable

de déclencher des émotions positives dans nos vies. Il est très bénéfique dans les ventes pour ancrer des sentiments d'accomplissement et de confiance en soi, lorsque vous devez faire un discours, aller à une réunion ou si vous souhaitez simplement vous sentir bien au réveil le matin.

Avec une pratique sérieuse, vous verrez que les ancres sont une alternative étonnante à ce que nous appelons la "pensée positive", et un moyen très rapide de se sentir bien au quotidien.base.

Il s'agit d'une méthode d'ancrage très simple, utile dans la plupart des situations. Cependant, vous pouvez faire beaucoup plus avec

les ancres PNL . Comme toutes les autres méthodes PNL, plus vous en faites, meilleurs seront les résultats.

La technique NLP Swish pour gérer les sensations désagréables.

Avec la technique Swish, vous pouvez rapidement changer la façon dont les souvenirs ou les soucis vous

affectent. Si la pensée négative évoque un sentiment puissant, vous pouvez « déconnecter » ce sentiment de la pensée et le remplacer par un sentiment plus positif. Il n'est pas nécessaire de combattre ou de combattre le sentiment négatif. Remplacez-le par un positif.

Il est important de répéter cette méthode plusieurs fois car cela renforce le nouveau modèle afin que la méthode swish fonctionne automatiquement. De cette façon, votre esprit a une nouvelle voie vers une croyance et une perspective plus positives. La méthode Swish est un moyen de changer vos croyances.

La méthode Swish en 5 étapes 1.Choisissez une partie de votre vie que vous souhaitez changer. Il peut s'agir d'un comportement, d'une situation de vie ou d'une situation troublante.

2. croyance négative. Choisissez

quelque chose qui peut être transformé en une image mentale qui représente ce que vous voulez changer. Imaginez ces images du point de vue de l'observateur comme si vous regardiez un film. 3.

Dans votre esprit, ayez une image mentale de la chose négative que vous voulez changer. S'il s'agit d'un comportement que vous aimeriez changer, imaginez une image fixe dans votre esprit qui vous représente en train d'agir sur ce comportement négatif. Il en va de même si c'est une situation de vie. Par exemple, s'il s'agit de parler en public, imaginez-vous parler devant la classe ou dans votre entreprise à un groupe. S'il s'agit d'une croyance négative, trouvez un seul mot qui représente cette croyance.

Ensuite, en utilisant l'œil de votre esprit, imaginez ce mot. Par exemple, la croyance « Je fais toujours les choses mal » devient « échec ».

1. Imaginez maintenant l'image interne que nous voulons avoir et remplacez l'ancienne. Dans les exemples ci-dessus. Vous pourriez vous imaginer en train de pratiquer votre passe-temps favori ou sport plutôt qu'au travail. Utiliser un mot pour changer cette croyance négative. Le mot «succès» serait celui que vous pourriez choisir et changer en «échec».

2. Maintenant, faites glisser l'image qui consiste essentiellement à changer la nouvelle image pour l'ancienne. Vous pouvez le faire en commençant par l'ancienne visualisée dans votre esprit, puis la nouvelle image commencerait petit et la ferait prendre complètement en charge l'ancienne image.

3. Il est important de répéter cette méthode plusieurs fois car cela renforce le nouveau modèle afin que la méthode swish fonctionne automatiquement. De cette façon, votre esprit a

une nouvelle voie vers une croyance et une perspective plus positives. La méthode Swish est un
moyen de changer vos croyances.

La technique de chronologie PNL est un outil qui peut
apporter des changements spectaculaires à notre inconscient. Ce que cette technique peut accomplir, c'est
vous permettre

de réécrire votre passé, ce qui peut changer votre avenir
en un résultat souhaité. Dans votre imagination, vous
créez une vue visuelle de votre vie entière ou d'une
partie de votre vie à travers une chronologie du passé
au présent puis au futur (résultat souhaité) et cette
méthode vous permet d'apporter des modifications à
des points du passé où vous aviez fait décisions comme
par exemple le jour où vous avez commencé à fumer.

Avec ce processus d'utilisation de la technique de la
chronologie, vous pouvez également utiliser la technique de la chronologie pour éliminer la douleur et
le chagrin d'une expérience antérieure ou peut- être
aller à la racine du problème comme les mauvaises
habitudes et revenir à l'endroit où vous les avez com-
mencées, puis implanter une nouvelle mémoire à cela.

moment afin qu'il changera votre comportement aujourd'hui et dans votre avenir.

Chapitre 4

Gagner en confiance avec la PNL "Une faible confiance en soi n'est pas une condamnation à perpétuité. La confiance en soi peut être apprise, pratiquée et maîtrisée, comme n'importe quelle autre compétence. Une fois que vous le maîtriserez, tout dans votre vie changera pour le mieux.

• Barrie Davenport

Dans une société qui valorise les individus travailleurs, ambitieux et charismatiques, la confiance est un must. Mais même si cela peut être facile pour certains, avoir et afficher de la confiance peut être un obstacle qui doit être surmonté pour d'autres. Bien que le succès soit formidable et que notre capacité à influencer les autres soit utile, nous avons besoin de confiance pour faire ces choses.

Heureusement, la PNL nous fournit plusieurs techniques pour gagner en confiance. Bien qu'il existe plusieurs approches PNL différentes, nous aimerions nous concentrer sur une en particulier - c'est une technique efficace mais simple, c'est pourquoi l'ancrage est fortement recommandé par un grand nombre de praticiens et d'utilisateurs PNL. Une ancre, en termes de PNL, est quelque chose n'importe quoi - qui nous aide à entrer dans un état mental ou un état d'esprit souhaité. Si nous voulons paraître confiants pour un entretien d'embauche important, par exemple, nous nous souviendrons d'un moment précédent dans lequel nous nous sommes sentis vraiment confiants. Nous le revivions et le laissions nous rappeler tout notre potentiel. En d'autres termes, faire cela ancre nos sentiments passés de confiance avec notre moment présent dans lequel nous voulons ressentir cette même confiance. Certaines ancres courantes mais puissantes proviennent de :

- Odeurs

•Goûts

•Chansons

En fait, vous avez probablement vos propres ancres sans même les connaître. Nous avons tous vécu un moment où nous avons entendu une vieille chanson et cela nous a rappelé un été spécifique que nous avons passé à la plage. Ou, nous avons eu une bouffée d'odeur ou de parfum qui nous a rappelé une certaine personne. Les ancres sont en fait un phénomène très naturel dans nos vies. Avec la PNL, cependant, vous découvrirez comment créer intentionnellement vos propres ancres que vous pouvez utiliser à des fins spécifiques.

Créer une ancre de confiance

Il existe plusieurs façons efficaces de créer et d'utiliser avec succès des ancres, mais nous vous encourageons à suivre les étapes suivantes afin de créer une ancre qui vous aide à gagner ou à augmenter votre

confiance. Voici comment:

Étape 1 : Pensez à un moment où vous vous êtes senti le plus confiant (si vous ne pouvez vraiment pas penser à un moment, imaginez un moment où vous pensez que vous vous sentiriez le plus confiant).

Étape 2 : Pensez à toutes les modalités (images, sons, odeurs, goûts, sensations physiques) dont vous vous souvenez avoir vécu pendant le moment de confiance que

vous avez choisi ou le moment que vous avez imaginé - cela rendra cet exercice plus puissant et efficace. Le but est de construire un sentiment aussi fort que possible avec autant de détails. Pendant que vous faites cela, remarquez et concentrez-vous sur ce que vous ressentez. Vous sentez-vous puissant ? Inarrêtable? Couronné de succès? Vous sentez-vous capable de surmonter n'importe quel obstacle auquel vous êtes confronté ?

Étape 3 : Pendant que vous

continuez à développer votre plus fort souvenir de confiance, prenez votre pouce et votre index d'une main et pressez l'ongle du pouce de votre autre main.

Étape #4 : Détendez-vous. Faites quelque chose de différent pour éloigner votre esprit.

Étape #5 : Testez votre ancre. Prenez les mêmes doigts et pincez la même vignette. Si vous avez réussi à créer une ancre, cela devrait vous rappeler le puissant moment de confiance que vous avez précédemment rappelé ou créé. Si cela ne fonctionne pas, ne vous inquiétez pas.

Commencez à l'étape 1. Créer une ancre avec succès peut prendre quelques essais car cela nécessite votre dévouement et votre concentration.

Lorsque vous avez besoin d'accéder à un état d'esprit confiant ou que vous avez simplement besoin d'un regain de confiance, car admettez-le, nous en avons tous besoin à un moment donné, serrez votre pouce et laissez le moment ancré prendre le dessus. Cela devrait vous aider à entrer dans un état d'esprit plus confiant qui vous aidera dans tous vos efforts.

Certaines choses à garder à l'esprit

Nous avons fourni une explication assez facile à suivre sur la façon de créer votre propre ancre dans le processus étape par étape fourni ci-dessus, mais il y a quelques éléments supplémentaires à garder à l'esprit lorsque vous réfléchissez avant et pendant la création. de votre ancre.

- Une ancre ne cible pas seulement la confiance. Vous pouvez créer une ancre qui cible et vous aide à vous souvenir d'une multitude de sentiments ou d'émotions que vous avez vécus dans le passé. Si vous êtes capable de vous en souvenir, vous pouvez l'ancrer.

- Vous pouvez définir n'importe quelle partie du corps que vous voulez comme ancre. Un doigt, un poignet, un bras, une jambe, un orteil ou toute autre partie du corps que vous pouvez atteindre physiquement peut servir de point d'ancrage. Rappelez-vous simplement que vous devrez pouvoir toucher votre emplacement d'ancrage lorsque vous souhaitez vous souvenir d'une certaine expérience, émotion ou sentiment. Donc, vous voulez que votre emplacement d'ancrage soit facilement accessible. En fait, de nombreuses personnes utilisent leur lobe de l'oreille comme point d'ancrage. Cela peut sembler un peu bizarre de tirer sur votre oreille lors d'un entretien, mais si vous pouvez le faire discrètement, allez-y. Faites ce qui vous convient le mieux.

N'oubliez pas de rétablir fréquemment vos ancres. Au fil du temps, nos souvenirs et nos ancres peuvent s'estomper. Prenez le temps de revivre vos souvenirs ou émotions ancrés de temps en temps.

Chapitre 5

Boostez votre estime de soi avec Swish

Dans ce chapitre, nous allons examiner une technique puissante mais simple connue sous le nom de "Swish Pattern".

Un certain nombre de techniques de PNL ont été initialement découvertes en enquêtant sur des personnes qui réussissent et sur leurs habitudes et pratiques mentales. Cependant, les développeurs de la PNL ont réalisé qu'il serait plus utile d'étudier ceux qui ont eu des problèmes dans le passé, mais qui ont fini par les surmonter.

Grâce à cela, sont apparus certains des outils de changement personnel les plus incroyables que nous connaissions aujourd'hui !

Le modèle Swish utilise une zone de PNL connue sous le nom de sous-modalités, cependant, la connaissance des sous-modalités n'est pas nécessaire pour utiliser cette procédure.

La plupart des gens ne réalisent pas que nous faisons déjà assez souvent des "swishes" dans notre esprit, juste

en dessous de notre seuil de conscience. Un Swish est un processus mental qui nous fait passer d'un état de conscience à un autre.

Le Swish est un outil polyvalent, et a un certain nombre d'utilisations différentes, telles que :

-Se débarrasser des mauvaises habitudes comme fumer, se ronger les ongles, etc.

-Modifier les comportements indésirables tels que se mettre en colère facilement, les sentiments négatifs déclenchés par un déclencheur spécifique, etc.

- Changer les sentiments sans ressources en sentiments d'auto-autonomisation Exercice : Le swish de base

1.) Identifier la couche protectrice : Choisissez une situation qui provoque des sentiments indésirables. Ensuite, réfléchissez à où et quand vous voudrez peut-être vous comporter différemment de ce que vous faites actuellement. Par exemple, nervosité lors d'un entretien, inviter quelqu'un à un rendez-vous ou autre chose.

2.) Identifiez l'image qui agit comme un signal : cela peut prendre du temps et de la réflexion, mais imaginez une image ou une scène que vous voyez dans la situation ci-dessus, juste avant de commencer à montrer le comportement que vous souhaitez éliminer. Imaginez que vous êtes dans la situation, que vous la voyez de vos propres yeux. Si vous avez besoin d'aide pour trouver votre image « repère », essayez de faire physiquement ce que vous feriez juste avant le comportement indésirable.

3.) Créez l'image de votre résultat souhaité : voyez-vous comme vous le souhaitez, comme si vous aviez déjà apporté le changement souhaité. Rendez cette image très convaincante. Comment tiendriez-vous ? Quelle expression faciale auriez-vous ? Que portez- vous? Si vous aviez fait le changement maintenant, comment vous verriez-vous différemment ? Effectuez ces changements physiques maintenant et imaginez-vous en train de vous voir dans un miroir, avec tous ces changements en place.

4.) Swish : Commencez par voir votre image de repère, grande et lumineuse, puis placez une petite image sombre de l'image finale dans le coin inférieur droit de l'image de repère. La petite image sombre commencera à devenir plus grande et plus lumineuse jusqu'à ce qu'elle ait complètement recouvert l'image de repère, qui s'estompe et se rétrécit. Vous trouverez peut-être utile de dire "Swissssshhh" en même temps ! Il est important que vous fassiez le swish très rapidement pour qu'il soit efficace.

5.) Masquez la scène ou ouvrez les yeux.

6.) Répétez à partir de l'étape 4, cinq fois de plus.

7.) Testez-vous - essayez à nouveau d'imaginer l'image de repère, et si le swish a été efficace, ce sera vraiment difficile à faire car l'image du résultat apparaîtra automatiquement.

L'une des meilleures choses à propos de cet outil particulier est que souvent les changements se généralisent à d'autres domaines de votre vie. Prenons un exemple

: disons que vous avez fait un bruissement en vous mettant en colère contre votre partenaire. Alors que le swish change votre "moi"image ", il est possible que vous restiez dans un état plus débrouillard dans toutes les situations avec les autres où auparavant vous vous seriez simplement fâché.

Rendre le swish plus puissant et plus facile Les astuces suivantes ont été conçues pour rendre le swish plus facile et encore plus puissant : Astuce 1 : Identifier l'image de repère

Si vous avez du mal à trouver votre image de repère, vous pouvez plutôt penser à un symbole visuel. Si vous avez un sentiment de manque de ressource que vous voulez bruire, fermez simplement les yeux et dites-vous. « Quel symbole visuel représente ce sentiment ? » Quelle que soit votre idée, quelle que soit son abstraction, utilisez-la comme image de repère. C'est votre subconscient qui vous dit comment il représente le sentiment - faites-lui confiance !

Astuce 2 : Identification de l'image de repère 2 Si vous voulez utiliser swish sur un sentiment de faible estime de soi que vous ressentez de temps en temps, essayez ceci. Imaginez la dernière fois que vous vous êtes senti comme ça, et notez où se trouvent ces sentiments dans votre corps. Faites semblant de placer la sensation dans votre main.

Déplacez votre main vers le niveau des yeux et laissez une image se former dans votre esprit et utilisez cette image comme repère.

Astuce 3 : Image du résultat pour l'estime de soi

Si vous avez du mal à voir et à croire que vous avez apporté les changements nécessaires, essayez plutôt d'utiliser un modèle. Un modèle est simplement une personne qui, selon vous, a tout ce dont elle a besoin pour rester ingénieuse. La personne modèle peut être quelqu'un que vous connaissez, ou même simplement un personnage d'une pièce de théâtre ou d'un livre, n'oubliez pas que votre esprit est incroyable et complètement flexible.

Astuce 4 : Image du résultat pour l'estime de soi 2

La technique swish consiste principalement à engager votre esprit subconscient, et l'image qui est évoquée peut être très vague à condition que vous sentiez que c'est la bonne direction vers laquelle vous vous dirigez. Ajoutez une couleur préférée autour de l'image et notez ce que vous ressentez. Si l'image vous convient et est convaincante, allez-y!

Astuce 5 : Ajoutez plus de puissance au swish

Cette astuce est incroyable pour ajouter cette poussée supplémentaire au swish en utilisant une ancre de ressource. Repensez à la technique plus tôt dans le livre où vous vous souvenez d'un grand état, et ancrez-le en serrant votre doigt et votre pouce ensemble. Empilez certains états de ressource et déclenchez l'ancre pendant que vous créez l'image du résultat à l'étape 3 du swish au début de ce chapitre.

Le modèle Swish est l'une des meilleures techniques de changement disponibles. Il est très efficace sur toutes sortes de choses que vous voulez changer, alors faites preuve de créativité ! Plus vous utiliserez la technique swish, mieux vous vous sentirez dans votre peau et dans votre vie.

Chapitre 6

Rupture de boucle

La technique PNL de rupture de boucle modifie ou arrête consciemment un processus inconscient. Cela signifie être conscient du processus de boucle dans lequel le corps a tendance à entrer automatiquement et à rompre la boucle. Cette technique est très efficace lorsque vous essayez de contrôler des activités cérébrales alpha supérieures ou des états hautement émotionnels tels que la colère, la peur, l'anxiété, le stress et la rage.

Par exemple, une personne perd la tête face à des situations frustrantes. Une voiture qui tombe en panne sur le chemin du travail alors que vous êtes déjà en retard pour une réunion très importante peut facilement vous faire sauter votre fusible. Les réponses fréquentes donnaient des coups de pied dans la voiture, juraient et criaient.

Un collègue ou un subordonné qui ne remet pas une partie importante d'une présentation client, ce qui

pourrait signifier la perte d'un compte important. La réaction naturelle serait de crier et de réprimander le collègue. Maintenant, cette action ne terminera pas le rapport ni ne gagnera le client. Cela se traduira simplement par plus de colère et de sentiments blessés. Toutes ces réactions ne font rien pour remédier à la situation. Cela enlève de l'énergie qui pourrait autrement être canalisée pour résoudre réellement le problème.

Lors d'états hautement émotionnels tels que ceux illustrés ci-dessus, l'amygdale, l'hippocampe et le reste du corps forment rapidement une réaction en boucle. La boucle contourne les lobes frontaux qui sont responsables de la modération du comportement et de la prise de décision.

En utilisant la rupture de boucle,

vous pouvez arrêter les explosions de colère improductives. Vous pouvez également contrôler votre com-

portement plus efficacement. En termes simples, la rupture de boucle est un peu comme "fermer les yeux,
prendre une profonde respiration et compter jusqu'à
dix avant de réagir à une situation". Pendant ce court
laps de temps, vous donnez en fait aux lobes frontaux
une chance de commencer à fonctionner pour modérer
le comportement. Pour le

rendre plus efficace, on peut consciemment forcer les
lobes frontaux à démarrer en ayant une « pensée de
réconfort » préparée. C'est plus comme avoir une bonne
pensée pour bloquer la boucle qu'une situation négative provoque habituellement.

Voici une illustration :

La journée ne se passe pas bien. La voiture ne démarre
pas

immédiatement. Après avoir démarré la voiture, vous
êtes coincé dans la circulation. À quelques pâtés de
maisons du bureau, quelqu'un heurte l'arrière de votre
voiture. Au lieu de vous lancer dans une altercation
liée à la circulation, obtenez simplement le numéro de
plaque d'immatriculation, le nom et les coordonnées du

conducteur. Faites une note mentale pour traiter cela plus tard.

Entrer dans une dispute ne ferait qu'empirer les choses.

De plus, vous êtes maintenant très en retard. Vous avez une présentation client en 30 minutes. Vous avez travaillé jours et nuits dans votre partie de la présentation. Un membre de l'équipe n'a pas réussi à faire sa part de la présentation. Une mauvaise présentation fera perdre ce client qui est un compte majeur pour

votre entreprise. Au lieu de perdre votre sang-froid et de crier sur votre collègue, pensez à comment remédier à la situation. 30 minutes ne suffisent pas ; mais encore du temps qui peut être utilisé pour remédier à la situation. Dépêchez-vous d'apporter des modifications de dernière minute pour que la présentation du client soit moins catastrophique.

Dans les deux situations, la boucle des accès de colère est rompue. La personne a consciemment bloqué le désir naturel de le perdre. Au lieu de cela, le temps et l'énergie ont été canalisés vers quelque chose de plus positif, qui a aidé à résoudre la situation ou du moins à l'atténuer.

Chapitre 7

É tablissez rapidement des relations positives

Le succès n'est pas simplement mesuré par le montant d'argent que vous pouvez gagner en un mois. Au contraire, il est mieux déterminé par les alliés que vous pouvez faire pendant que vous travaillez sur votre carrière. Cela signifie que même si vous êtes suffisamment confiant pour assister à des entretiens d'embauche et bien gérer les tâches, vous serez en mesure de stabiliser votre carrière si vous parvenez à créer des réseaux et à établir des relations avec des personnes clés qui vous aideront à trouver des opportunités.

Qu'est-ce que Rapport ?

Le rapport est la relation harmonieuse que deux personnes ou plus entretiennent, ce qui leur permet de

communiquer plus efficacement. C'est une relation naturelle que presque tous les êtres vivants entretiennent
afin de s'assurer qu'ils ne sont pas menacés et qu'ils ont
accès à leurs besoins. Les humains, cependant, établis-
sent un rapport de manière beaucoup plus complexe.

Les humains n'ont pas seulement besoin de sentir que
leurs ressources sont toujours à leur portée pour se
sentir en sécurité, ils ont besoin de sentir qu'ils sont val-
orisés et que les gens qui les entourent ont des valeurs
communes. Pour cette raison, les gens sont susceptibles de réagir négativement lorsqu'ils sont avec une
personne qui ne semble pas émaner de la même culture
ou des mêmes croyances. Cependant, ils aiment être
entourés de personnes qu'ils perçoivent comme leur
ressemblant.

Pourquoi établir une relation en

premier lieu ? La raison est simple une fois qu'une autre
personne vous fait confiance, toutes les barrières dis-
paraissent et un échange d'informations et de services-
suivre. Vous devenez également capable d'influencer
d'autres personnes pour qu'elles soient d'accord avec
vous ou qu'elles veuillent coopérer avec vous si vous
êtes en mesure de construire une relation harmonieuse

avec elles. Les effets de votre influence vont également loin - vos décisions de carrière peuvent changer et vous pouvez emprunter une voie différente, mais les alliés que vous avez faits seront à la base de votre succès pendant très longtemps.

Technique PNL pour l'établissement de rapports

L'une des techniques les plus simples en PNL est la mise en miroir, qui est conçue pour qu'une autre personne vous considère comme un reflet d'elle-même. Vous ne le faites pas d'une manière évidente pour l'autre personne - vous le faites d'une manière qui ne peut pas être facilement détectée par l'autre personne.

Pourquoi refléter le comportement d'une autre personne ? Les gens font toujours confiance à une personne qui se comporte et leur ressemble. Par exemple, vous pouvez constater que les personnes qui ont la même stature, comme les PDG et les employeurs, sont celles qui choisissent de se mêler les unes aux autres. Bien qu'ils préfèrent également parler à des artistes indépendants, par exemple, ils aiment parler aux personnes qui ont le même métier, les mêmes voitures ou les mêmes vêtements que les leurs. La raison en est qu'ils sont conscients qu'ils ont un terrain d'entente et probablement plus de choses sur lesquelles ils peuvent s'entendre.

Cette technique est couramment utilisée par les commerciaux

lorsqu'ils ont conscience d'être face à une personne peu réceptive qui semble totalement désintéressée de ce qu'elle propose. En faisant prendre conscience à l'autre qu'ils ont quelque chose en commun, le prospect s'ouvre aux propositions, devient plus communicatif dans l'expression de ses réflexions et de ses besoins. Une vente se produit lorsque le personnel parvient à faire changer de position l'acheteur potentiel et à devenir influencé en imitant le personnel. À ce stade, le vendeur sait que l'acheteur est prêt à changer de point de vue sur son produit et à rester engageant. Le vendeur a influencé l'autre personne et pourra procéder à la vente d'autres services qu'il pourrait avoir.

Comment faire la technique de mise en miroir

Même si vous n'avez pas de terrain d'entente établi avec une autre personne, vous pouvez toujours créer quelque chose auquel vous pouvez tous les deux vous identifier, qui sont vos actions. Essayez de faire ce qui suit avec une personne à qui vous aimeriez vous ouvrir davantage. 1. Reflétez subtilement ses actions.

Vous pouvez le faire en marchant à côté de lui de la même manière qu'il marche. S'il croise les bras alors qu'il est assis devant vous, pliez les vôtres également. Rendez vos actions aussi subtiles que possible pour éviter de lui faire croire que vous l'imitez.

1. Une fois que la personne semble plus confiante et confiante, engagez la conversation. Continuez à refléter ses actions.

2. Observez les indices verbaux. Vous vous rendrez compte que la personne à qui vous parlez utilise des mots comme "Je vois ce que vous voulez dire", ou "Ce que j'aimerais voir". Cela signifie que la personne à qui vous parlez est plus suscep-tible de répondre aux signaux visuels. Reflétez également ces indices en exprimant votre accord en utilisant des phrases telles que "Je vois que votre opinion est correcte" ou "Je le remarque également".

3. Si vous sentez que vous êtes déjà synchronisé et qu'il est devenu plus réceptif à vous pendant la

conversation, changez de rythme. Utilisez un signal verbal différent et modifiez subtilement votre langage corporel. Par exemple, si vous parlez à une personne visuelle qui exprime une opinion dans la conversation en croisant les bras sur sa poitrine, vous pouvez utiliser des signaux auditifs à la place et exprimer vos pensées en touchant d'abord votre menton. Par exemple, utilisez des indices comme

« Comment cela vous semble-t-il » ou « Je t'entends » tout en caressant votre menton. 5. Vous saurez que vous avez établi un rapport complet avec l'autre personne s'il parvient à changer ses repères pour correspondre aux vôtres. Cela signifie que vous êtes en mesure de l'influencer pour qu'il corresponde à vos actions afin qu'il puisse poursuivre la conversation.

Puisque vous savez maintenant comment établir une connexion instantanée avec les gens et les rendre plus réceptifs, assurez-vous de réseauter avec autant de personnes que possible. Établissez des relations avant même d'en avoir besoin pour vous assurer que vous aurez toute l'aide dont vous avez besoin pour atteindre le sommet !

Chapitre 8

Comment la PNL aide à avoir confiance Synopsis

L'utilisation de la méthode PNL pour aborder d'autres aspects de la vie d'un individu s'avère bénéfique, donc l'utiliser comme un péage pour aborder la confiance d'un individu ne devrait pas être différent. Auto-assurance

La méthode NLP est un aspect important car elle permet d'acquérir une confiance très élevée qui ne peut être trouvée dans aucune autre méthode. La confiance qui est acquise par cette méthode est très puissante que n'importe quel autre niveau de confiance n'importe où.

Selon la plupart des scientifiques, la confiance d'une personne est normalement un simple outil physiologique qui a subi un certain niveau de coups ou qui n'a pas été bien développé. Heureusement, c'est une chance qui peut être résolue et inversée en utilisant quelques méthodes, par exemple la PNL.

En fait, l'étape initiale et la plus importante qui devrait être reconnue est de savoir que la confiance est très importante et qu'elle est largement utilisée. Ce n'est que la réalité puisque l'esprit a été conçu pour visualiser comment devenir une personne confiante.

Par conséquent, encourager la visualisation, la forme audio ou tout autre système de capteur prédominant dans le traitement de l'information pour l'individu est ce qui aide l'individu à acquérir la confiance nécessaire.

Le formulaire média doit être utilisé en permanence pour renforcement si la PNL d'une personne est similaire à la forme de relais audio.

En conclusion, vous devez être exposé à autant de confiance et de confiance positive dans les présentations audio. Cela permettra à votre esprit de pratiquer et d'absorber ce à quoi il a été constamment exposé. En outre, vous devez utiliser des méthodes PNL qui vous donneront confiance et vous aideront également dans une relation. En utilisant la programmation neurolin-

guistique, soyez assuré que votre relation se stabilis-
era. De plus, cela vous donnera une confiance qui vous
aidera également dans vos relations. Vous devez appli-
quer la méthode PNL et vous l'apprécierez vraiment.

Chapitre 9

Techniques et application pratique de la PNL pour les autres

Construire un rapport, stimuler et diriger.

Au cœur de la PNL et généralement la principale raison pour laquelle elle est utilisée est la relation. Le rapport est un concept très important en PNL car il est considéré comme la porte d'entrée vers une communication stratégique et efficace. En fait, la plupart des capacités de la PNL ne sont accessibles qu'en établissant des relations entre vous et toute personne avec qui vous communiquez.

Cependant, il existe une idée fausse quant à la signification et à l'effet du rapport. En PNL, le rapport ne consiste pas à être ami avec les autres ; il ne s'agit même pas de les aimer. Ce n'est pas non plus un interrupteur interne que vous pouvez activer chaque fois qu'une occasion se présente qui nécessite un rapport. Au lieu de cela, le rapport consiste à atteindre le respect mutuel. Elle est fermement ancrée dans la confiance, l'honnêteté et l'intégrité.

Plus important encore, il n'est pas non plus acquis du jour au lendemain. La PNL vous permet d'apprécier, de comprendre et d'établir une relation de la manière la plus efficace et la plus efficiente. Cependant, cela ne signifie pas que vous pouvez l'avoir instantanément ; le rapport nécessite du temps, des efforts et de la concentration, aux côtés de la PNL pour y parvenir.

La première étape dans l'établissement d'un rapport est de savoir ce qu'est un rapport. Ce n'est pas le sens du dictionnaire de rapport, mais votre version de rapport, votre style personnel de relation avec les gens. C'est votre sens de rapport. Pour ce faire, visualisez-vous avec les personnes que vous ressentez ont établi des relations avec.

Il peut s'agir de parents, d'amis de longue date ou de collègues proches. Maintenant, réfléchissez à la façon

dont vous vous reliez, réagissez et maintenez votre relation avec eux.

Maintenant, pensez au contraire, identifiez les personnes et votre communication avec celles avec qui vous
n'avez pas de rapport, mais que vous voudriez. Il peut
s'agir de clients difficiles, de patrons ou même de mem-
bres de la famille et d'amis

éloignés par des problèmes ou des conflits. Comment communiquez-vous, parlez-vous et vous com-
portez-vous avec eux ? Remarquez la différence dans
votre communication entre ces deux groupes.

La prochaine étape dans l'établissement de relations
consiste à identifier les personnes avec

lesquelles vous souhaitez développer des relations.
Bien qu'il soit préférable d'être aussi précis que possible dans l'identification de ces personnes, vous pouvez également choisir de les catégoriser en fonction
de leurs origines ou de leurs groupes. Par exemple,
vos catégories peuvent être des personnes de votre
domicile, de votre quartier ou de votre lieu de travail.
Il peut également s'agir de personnes avec lesquelles
vous vous sentez obligé de vous adresser pour

vos propres besoins personnels, tels que les bureaux du gouvernement local, les entreprises que vous fréquentez ou d'autres services que vous recevez. N'oubliez pas que ce n'est pas parce qu'il est difficile de s'identifier à la personne, c'est la raison pour laquelle vous ne pouvez pas établir de rapport. La clé de

l'établissement de relations ne réside pas avec les personnes avec lesquelles vous essayez de vous identifier, mais avec vous et votre style de communication.

Techniques Une fois que vous avez la liste des personnes ou des catégories de personnes avec lesquelles vous avez besoin ou souhaitez établir des relations, il est maintenant temps d'intégrer les techniques de la PNL. Certaines de ces techniques

comprennent :

Miroir subtil Portez une attention particulière aux mots, aux phrases, au ton, à la diction

et aux autres éléments de communication utilisés par l'autre personne. Vous pouvez également essayer de voir comment l'autre personne traite ou exprime des informations ou des idées. Est-il précis ou général ? Utilise-t-il la première, la deuxième ou la troisième personne lorsqu'il parle ? Vient-il d'un point de vue logique ou émotionnel ? Maintenant, utilisez ces éléments comme clés pour débloquer le rapport. En reflétant leur propre style de communication, vous vous synchronisez avec les autresla personne. En conséquence, il

devient plus réceptif à votre communication, plus ouvert et peut-être plus confiant envers vous.

Outre la communication proprement dite et l'utilisation de mots-clés, vous pouvez aller plus loin et plus subtilement en prenant note des schémas respiratoires, des gestes, des mouvements et du langage corporel général de l'autre personne. Encore une fois, utilisez ces actions clés pour améliorer votre utilisation des mots-clés. N'oubliez pas que pour

que la mise en miroir soit efficace, vous devez utiliser de manière cohérente la communication verbale et non verbale pour établir le rapport que vous souhaitez. Cependant, faites plus attention aux messages non verbaux. La recherche suggère que la majeure partie de la communication, en fait plus de la moitié de la communication, ne provient pas des mots réels exprimés, mais du langage corporel et du ton de la voix.

Rythme Une autre technique pour établir des relations est le rythme, qui à son tour peut conduire d'autres personnes vers la réalisation d'objectifs mutuellement bénéfiques. Cette technique est un élément clé dans l'utilisation de la PNL pour guider

d'autres personnes dans vos propres perspectives. Cela se fait en vous immergeant complètement dans l'arrière-plan de l'autre personne.

Par exemple, vous voulez qu'une personne achète un produit que vous vendez. L'argumentaire de vente traditionnel consiste à mettre en évidence les caractéristiques du produit, son prix, sa comparaison avec d'autres produits du marché et

d'autres arguments de vente. En PNL, la technique ne met pas en évidence le produit, mais la manière dont le mode de vie de l'acheteur utilise pleinement le produit.

En utilisant le rythme, vous évaluez subtilement les facteurs de motivation et de décision qui feront ou détruiront l'affaire. Vous pouvez le faire en écoutant, en posant des questions approfondies sur leur mode de vie ou leurs habitudes et sur d'autres activités similaires liées au produit. Lorsque vous disposez de ces informations ou

lorsque vous vous êtes adapté à une vitesse ou à une situation similaire à celle de votre acheteur, vous pouvez alors prendre la tête. Vous pouvez maintenant montrer comment le produit correspond à son mode de vie, ses besoins ou ses habitudes.

Non-concordance

C'est le contraire de l'établissement

de relations. Alors que l'établissement d'un rapport signifie une combinaison de miroir ou de rythme, les techniques utilisées ici sont à l'opposé. Au lieu de refléter, vous vous comportez de manière complètement opposée et au lieu de faire les cent pas ; vous restez sur place ou vous vous éloignez de l'autre personne.

Il peut sembler contre-intuitif pour

une personne de se détacher d'une autre personne dans la discussion du rapport ; cependant, il existe des cas où une non- concordance est nécessaire. Hypnose

L'une des facettes les plus controversées de la PNL est celle de son potentiel d'hypnose. C'est une

technique puissante qui a un large éventail d'applications, qui sont destinées au bénéfice mutuel du praticien et de la personne sous hypnose. Fortement influencés par Milton Erickson, un hypnothérapeute réputé, les fondateurs de la PNL ont incorporé l'hypnose dans l'éventail de techniques de la PNL.

Selon le modèle de Milton, la PNL

utilise des mots-clés ou des modèles de langage qui peuvent amener quelqu'un dans un état de transe. Cet état offre un grand potentiel, en particulier dans le domaine de l'apprentissage, de la résolution de conflits et de la résolution de problèmes. Le modèle Milton est une technique inverse par rapport à la technique du modèle Meta. Les techniques de méta-modèle impliquent de collecter suffisamment d'informations et de porter une

attention particulière au langage spécifique utilisé par une autre personne. Le modèle de Milton est à l'opposé ; le langage utilisé est plus général et moins détaillé.

Le but de l'utilisation généralisée du langage est d'amener la personne à un état biaisé, puis à un état plus neutre, et enfin à un état détendu qui l'amènera vers l'état de transe. Plus la personne est détendue, plus elle est

proche de l'état de transe, plus elle devient réceptive à vos suggestions. Lorsque l'inconscient est accessible, l'esprit est prêt à accepter et surtout à intégrer vos messages.

La première étape pour amener les personnes à une transe est de clarifier tous les modèles utilisés dans la parole. Vous pouvez aider les autres en affinant les modèles en quelque chose qui leur est bénéfique. Certains des modèles de langage courants que voustirer le meilleur parti lors de votre communication sont : la généralisation, la suppression et la distorsion.

La généralisation implique l'utilisation d'englobant tous les facteurs. La suppression est l'omission de données spécifiques. La distorsion est l'interprétation des mots d'une autre personne.

Il est important d'aborder ces modèles de langage car cela préparera la personne à la transe. Par exemple, si vous entendez une généralisation, clarifiez-la en la transformant en un langage avantageux, comme «

Toutes les ressources dont j'ai besoin pour résoudre un problème sont déjà en moi ». Une distorsion peut être utilisée comme "Je pense que je me rapproche de la solution". Si vous entendez une suppression, fournissez les informations manquantes telles que "Il y a ceux qui se soucient de moi".

Le modèle Milton propose également trois types d'appareils que vous pouvez utiliser pour communiquer avec les autres. Ce sont : l'étiquetage, le doublage et l'intégration.

Le marquage transforme une déclaration en une question qui amène l'autre personne à être d'accord. Par exemple, si vous voulez que la personne se sente mieux, au lieu de simplement dire « Ça va

mieux » ou « Tu te sens mieux ? » vous pouvez dire : « Vous pouvez vous sentir mieux, vous savez ? D'autres exemples sont, "C'est quelque chose de possible, vous savez?" « Tu peux faire ça, n'est- ce pas ? » Une personne sera très probablement d'accord avec votre question et quand elle le fera, elle dira essentiellement à son inconscient qu'elle est d'accord avec votre affirmation, la rendant plus réelle pour elle.

Doubler implique de donner l'illusion de deux choix ou plus, mais en réalité, il n'y a qu'une seule option dans l'énoncé. Cela enfermera la personne dans le choix de ce que

vous lui présentez. L'avantage est qu'il pensera qu'il a fait un choix et qu'il sera lui-même convaincu que ce qu'il a choisi est quelque chose qu'il veut vraiment. Par exemple, au lieu de dire « Serez-vous en mesure de soumettre le rapport à temps ou non ? vous voulez que la personne soumette le rapport. Limitez les options en énonçant la question comme suit : "Quand allez-vous soumettre le rapport, à la date limite ou avant ?" De cette façon, que la personne choisisse la date limite ou avant la date limite, le résultat sera toujours à votre avantage mutuel.

L'intégration signifie que vous ajoutez délibérément l'objectif visé dans l'énoncé lui-même. Par exemple, vous voulez que la personne commence à suivre un régime. Au lieu de demander : « Quand commencerez-vous le régime ? vous pouvez dire : « J'attends avec impatience le premier jour de votre régime. De cette façon, la personne ne pensera consciemment qu'à la date de début du régime, mais inconsciemment, elle anticipe déjà qu'elle commencera le régime.

Pour que l'intégration fonctionne pleinement, vous devez moduler votre voix pour mettre l'accent sur l'énoncé du résultat escompté. Cela signifie que vous pouvez ralentir votre rythme, approfondir votre timbre ou votre style préféré pour

mettre l'accent lorsque vous prononcez la phrase du résultat souhaité. Ajoutez d'autres indices non verbaux en synchronisation avec l'énoncé de résultat souhaité pour rendre la communication plus holistique. Par exemple, vous pouvez utiliser des gestes de la main, vous pouvez rapprocher votre corps de l'autre personne ou vous pouvez montrer une expression faciale plus sérieuse.

À travers le modèle de Milton et les techniques PNL sur l'hypnotisme, l'utilisation d'un langage vague est le facteur clé pour le rendre plus efficace. Le flou dans la communication n'est pas toujours une erreur ; l'imprécision peut plutôt être appropriée lorsque la situation ou l'intention l'exige. Le but de l'imprécision dans la PNL est de créer suffisamment de marge de manœuvre pour faire passer une personne d'un état à un autre. Lorsque vous êtes trop précis dans votre communication, vous limitez la possibilité pour l'autre de changer. Avec des déclarations généralisées, vous ouvrez des voies entières pour des options ou des choix, qui à leur tour peuvent les amener à choisir le bon chemin.

En tant qu'effet supplémentaire de l'utilisation d'un langage vague, vous

facilitez la découverte de réponses, de solutions et de décisions grâce aux efforts des autres personnes elles-mêmes. C'est un facteur important, surtout s'il s'agit de changer l'état des adultes. En tant qu'adultes, ils sont plus susceptibles non seulement d'accepter les décisions qu'ils prennent par eux-mêmes, mais aussi de les maintenir lorsque vous n'êtes plus là pour les influencer.

Étalonnage et langage corporel

La PNL est l'une des rares technologies modernes qui donnegrande perspicacité sur la façon dont les autres pensent, ressentent ou se comportent. L'un des meilleurs outils qui peuvent vous aider à «lire» les autres, presque comme un livre ouvert, s'appelle l'étalonnage.

Cette technique a un double objectif, elle vous permettra de lire leurs états puis de vous adapter à quelque
chose qui vous sera mutuellement bénéfique.

La première moitié de la pratique de l'étalonnage est
l'évaluation correcte de l'état de l'autre personne. Ceci
est mieux fait par

l'observation du langage corporel. L'étude du langage
corporel est une partie importante de la PNL. En fait,
l'un de ses présupposés dit que les humains sont en état
constant de communication, même sans l'utilisation de
mots ou d'indices verbaux.

L'avantage en tant que praticien PNL est que vous pouvez analyser non seulement les signaux verbaux mais
aussi non verbaux, tels que ceux produits par les messages non verbaux. Ce ne sont pas seulement les actions, mais aussi les tons, le rythme ou l'utilisation des
mots qui peuvent également être évalués comme un
indice de leurs états.

L'observation est la principale technique nécessaire
à l'étalonnage, d'autant plus que les indices les plus
révélateurs sont aussi les plus subtils. La première

étape de l'observation consiste à créer un repère de l'état neutre de la personne. Notez

mentalement comment ils se comportent, parlent ou ressemblent dans une journée ordinaire. Vous pouvez les inciter à adopter un état neutre en leur posant des questions simples.

Invitez-les ensuite avec des indices qui les mettront dans différents états. Par exemple, vous pouvez leur demander de réfléchir à une expérience particulièrement bonne

puis mauvaise. Une fois qu'ils réagissent, commencez votre observation. Notez les signaux qu'ils envoient. N'oubliez pas d'évaluer toutes les formes de communication, qu'elles l'envoient consciemment ou inconsciemment.

Maintenant que vous savez comment connaître l'état actuel d'une personne, vous êtes prêt pour la seconde moitié de l'étalonnage. Vous pouvez changer l'état de la personne de positif à négatif ou vice versa selon les besoins de la situation. Par exemple, une personne montre des signes d'être dans un état négatif, comme le ton de sa voix est élevé, son rythme est erratique et son langage corporel est tendu ou serré.

Votre objectif est de calibrer son état du négatif au positif. Pour ce faire, vous devez créer plusieurs messages, verbaux et non verbaux, similaires à ses messages. Par exemple, lorsque vous communiquez avec lui, vous pouvez régler le ton de votre voix, détendre votre posture et vous déplacer de manière lente ou neutre. L'autre personne peut ne pas voir consciemment vos messages non verbaux, mais son inconscient détectera les messages qui ressemblent à un état positif.

Il existe d'autres indices du langage

corporel qui ont été étudiés et incorporés dans les concepts de la PNL. Certains de ces indices impliquent tout, de la posture, du rythme, de la respiration et du mouvement. Les yeux, en particulier les mouvements oculaires, sont l'un des indices visuels les plus révélateurs que vous puissiez évaluer. Appelés indices d'accès oculaire, ces mouvements montrent le système d'apprentissage de l'autre personne. Ces systèmes indiqueront si une personne est un apprenant visuel, auditif ou émotionnel.

En pensant, une personne qui apprend visuellement aura des mouvements oculaires vers le haut. Un apprenant entendant regardera sur les côtés, à gauche ou à droite. L'apprenant sentant regardera vers le bas. Alors que la majorité de la population aura ce modèle, ce n'est en aucun cas une règle absolue.

Néanmoins, connaître le type d'apprenant qu'une personne est peut vous être d'une grande utilité, surtout si vous êtes dans le domaine de l'enseignement, du conseil ou du coaching. Vous pouvez augmenter les chances de transférer des connaissances à une autre personne si vous adaptez son style d'apprentissage à votre prestation. Par exemple, si vous avez un étudiant

en apprentissage visuel, vous savez que la meilleure façon pour lui d'apprendre est à travers des images, des présentations et d'autres images. Un apprenant entendant répondra mieux aux leçons dispensées par le son. Enfin, un apprenant sensible peut bien apprendre les leçons si vous lui donnez des occasions de simuler, de pratiquer et d'expérimenter la leçon.

Méta-modèle et mots

Peut-être qu'aucun autre outil de la gamme NLP n'est plus recherché que les modèles Meta. Également connu sous le nom de méta programmation, de méta programmes ou de filtres mentaux, ce terme représente l'ensemble des techniques de la PNL qui apportent une maîtrise totale non seulement de l'utilisation mais aussi de l'interprétation et changement de langue. L'une des raisons pour lesquelles les modèles Meta reçoivent une telle importance est le large éventail d'applications et le niveau de changement que le modèle Meta peut fournir. Pour exploiter le potentiel des modèles Meta et tirer pleinement parti de ses applications, la première tâche consiste à apprendre ce que sont ces modèles.

Les méta-modèles sont essentiellement les filtres inconscients présents dans l'esprit. Selon les recherches, l'esprit humain ne peut traiter qu'une très petite partie des données et des stimuli qui entourent les personnes à chaque seconde de chaque jour. Parmi les innombrables informations qui nous entourent à tout moment, jusqu'à 9 informations seulement peuvent être traitées à un moment donné. Cela signifie que des centaines de milliers de données sont perdues au cours du processus.

En PNL, les données sont perdues à cause de ces filtres

inconscients. Grâce à ces filtres, votre attention est détournée, ce qui vous permet d'ignorer ou d'ignorer des données qui pourraient autrement s'avérer importantes. Notez que ces filtres sont utilisés inconsciemment, ce qui signifie que vous n'êtes pas du tout

conscient de l'utilisation de ces filtres. Cependant, grâce à la PNL, vous pouvez adopter une approche plus consciente pour comprendre non seulement vos propres filtres inconscients, mais également les filtres des autres personnes.

La portée de l'influence des programmes Meta est vaste et son histoire est également très lointaine.

Les méta-programmes peuvent être développés dès l'enfance, comme ceux appris des premiers influenceurs, tels que les parents, les enseignants et d'autres adultes. Au fur et à mesure que vous mûrissez, vos expériences de vie vous inciteront également à développer des filtres. Sans le savoir, les programmes Meta influencent presque tous les aspects de votre vie, de votre vie personnelle, comme les valeurs, les opinions, les principes et les relations aux aspects professionnels, comme le travail, les relations avec les collègues, la conduite des affaires et d'autres activités.

Outre ces influences, les programmes Meta ont le potentiel de débloquer de nouveaux types d'apprentissage. Plus une personne peut utiliser une variété de programmes adaptés à une situation,

plus l'apprentissage devient possible. Cela signifie que ces filtres ne sont pas nécessairement limitatifs en eux-mêmes mais qu'ils doivent être utilisés dans la situation appropriée.

Bien qu'il existe de nombreux programmes ou filtres Meta, certains se produisent couramment chez la plupart des individus qui ont été identifiés grâce aux techniques de PNL. Certains de ces filtres sont :

Être proactif ou être réactif Ces deux types de filtres déterminent les actions que vous entreprenez face à une situation. Ceux qui utilisent le filtre proactif accordent de l'importance à l'action, au mouvement et aux solutions. Ceux qui sont réactifs valorisent l'analyse,

la planification et les actions réfléchies. Observez les gens autour de vous pour les filtres qu'ils utilisent. Une façon d'évaluer cela est à travers leur langage corporel.

Les personnes proactives sont généralement orientées vers l'action ; ils sont rapides, prêts à partir et s'efforcent d'être toujours en mouvement. D'autre part, les personnes réactives sont à l'opposé ;

ils sont au rythme lent, dans une posture introspective, et préfèrent la contemplation tranquille avant de passer à l'action. Encore une fois, il est important que ces filtres ne soient pas des filtres "soit-ou" mais plutôt des filtres "quand".

Par exemple, une personne intéressée à sortir avec quelqu'un peut être réactive. Il ne s'approchera

pas de l'autre personne ni ne prendra l'initiative de lui parler. Cependant, cette personne peut également être proactive en recherchant les intérêts, les goûts ou les aversions de l'autre personne et d'autres caractéristiques pour mieux les connaître.

Lorsque vous êtes capable de discerner les filtres d'une personne, vous savez comment appuyer sur ses

boutons, les gérer ou les influencer. Si vous savez qu'une personne est proactive, vous savez que vous pouvez la persuader de faire des actions actives et rapides. Vous savez que vous ne pouvez pas gagner du terrain si vous proposez à une personne proactive des solutions lentes qui nécessitent une longue réflexion.

Se déplacer vers ou s'éloigner

Un autre filtre que vous trouverez extrêmement utile sont les filtres vers et loin. Ceux qui utilisent des filtres vers l'approche aborderont la situation avec la récompense à l'esprit. Ils seront attirés par l'exécution d'une action parce qu'ils savent qu'en fin de compte ils en retireront quelque chose.

D'un autre côté, ceux qui ont des

filtres d'éloignement abordent les situations en pensant à la punition. Ils éviteront les situations qui les exposeront au risque d'obtenir des résultats négatifs. Ils préfèrent éviter les décisions qui pourraient mal tourner, ce qui leur causerait de la douleur ou de l'anxiété.

Utilisez une série de questions pour déterminer le filtre préféré d'une autre personne. Par exemple, vous

pouvez lui demander en quoi son emploi compte pour lui. Si la majorité de ses réponses suggèrent que son travail est important pour lui parce qu'il peut profiter de ce qu'il aime le plus, comment il s'épanouit dans sa vie ou comment il peut pratiquer son éducation, alors c'est un exemple de quelqu'un avec un filtre. Si ses réponses sont qu'il valorise son travail pour ne pas s'endetter, pour pouvoir payer ses factures et son loyer, alors c'est un exemple de filtre d'éloignement.

Il s'agit d'un outil puissant qui s'avère particulièrement utile pour les professionnels, en particulier ceux qui font carrière dans la vente. Un vendeur peut utiliser sa découverte de la préférence d'un client potentiel pour les filtres à son avantage. Si vous avez l'intention de vendre un produit ou un service à une personne et si vous savez qu'elle utilise un

filtre « vers », alors vous savez quelle caractéristique vous pouvez mettre en avant. Ce seront certainement les récompenses, les avantages ou les bénéfices plutôt que les risques, les dangers ou les inconvénients de ne pas acheter l'article.

Envisager des options ou des procédures

Les filtres qui impliquent la préférence pour le changement et les traditions sont reflétés par les filtres d'options et de procédures. Si une personne préfère essayer ou avoir des choses ou des processus nouveaux, innovants ou différents, alors cette personne utilise un filtre d'options. Si la personne veut utiliser uniquement les pratiques éprouvées et s'en tenir au statu quo, alors cette personne utilise un filtre de procédures.

Ceux qui ont un filtre d'options recherchent en permanence des moyens d'améliorer un système ou un processus. Même si les

actuels fonctionnent, ils chercheront d'autres moyens de le rendre encore meilleur. Ils veulent examiner un ensemble d'options, les peser les unes par rapport aux autres, puis les peser à nouveau jusqu'à ce qu'ils sentent qu'ils ont choisi la meilleure option.

Ceux qui ont le filtre de procédures suivent chaque protocole,pointez chaque "i" et croisez leurs T. Parfois, même lorsqu'il y a un indice qu'il pourrait y avoir un meilleur processus, ils préfèrent s'en tenir aux traditions, à moins que l'étape alternative ne se révèle meilleure. Ils ne prendraient pas le risque de tester la meilleure option possible.

Des applications réelles pour ces filtres peuvent être utilisées. Par exemple, si vous supervisez des personnes sur votre lieu de travail et que vous leur attribuez des tâches, une évaluation minutieuse de leurs filtres sera utile. Par exemple, si vous savez qu'un de vos collaborateurs est un utilisateur du filtre d'options, alors vous savez qu'il sera réceptif si vous lui laissez une certaine latitude pour définir lui-même les étapes au lieu de lui donner un ensemble de tâches à accomplir. Si vous avez un subordonné qui utilise un filtre de procédures, vous savez que les tâches qui impliquent de la créativité ne sont peut-être pas les meilleures à lui confier.

Tâches fondamentales

La plupart des discussions sur les bases ou les fondamentaux se font généralement au début. Cependant, en PNL, il est préférable de discuter des quatre tâches fondamentales vers la fin ou lorsque vous avez une compréhension significative des concepts, des principes et, surtout, des présupposés de la PNL. Ces tâches rassemblent les concepts et outils les plus importants fournis par la PNL dans un ensemble logique

pratique pour une utilisation quotidienne. Les tâches sont :

L'élicitation

Utilisation

Conception

Installation Élicitation

L'élicitation est la stratégie utilisée pour discerner l'ensemble des

stratégies qu'une personne utilise. Cette personne peut être soit un étudiant, un apprenti, un client, un collègue, un confrère ou toute personne faisant l'objet de la communication PNL. C'est la phase qui implique l'utilisation de techniques qui peuvent amener une personne à révéler, consciemment ou inconsciemment, les stratégies utilisées par votre client.

Par exemple, vous pouvez lui assigner une tâche mentale à accomplir. Au moment où vous fournissez la tâche, commencez à évaluer ses réactions. N'oubliez pas que la PNL se concentre non seulement sur la communication verbale, mais également sur les signaux non verbaux. Écoutez les mots qu'il utilise et identifiez les indices qui existent sur la pensée ou les stratégies intérieures de la personne. Notez soigneusement ces observations pour référence ultérieure.

Il existe deux types de messages non verbaux que vous pouvez observer, manifestes et cachés. Les comportements manifestes sont ceux que la personne vous montre intentionnellement, un peu comme les messages verbaux. D'un autre côté, les comportements cachés sont ceux qu'il veut vous cacher ou vous

dissimuler mais qui sont rendus évidents en raison de votre capacité à discerner. Un changement dans le teint de la peau, comme une pâleur, des mains agitées, des mouvements oculaires erratiques ou d'autres mouvements inhabituels d'une personne, peut indiquer que vous n'obtenez pas une vue d'ensemble pendant la communication.

Certains des comportements les plus

évidents mais exécutés inconsciemment sont le ton, la hauteur et le rythme de la voix ou du discours. Les tiques peuvent également transmettre du stress ou de l'anxiété plutôt qu'une simple habitude.

La posture et les mouvements du corps sont également des domaines d'intérêt pendant la phase d'élicitation.

Lorsque vous écoutez les messages

verbaux et observez les indices non verbaux, assurez-vous de vérifier si les deux messages correspondent. Les mots de la personne correspondent-ils à son langage corporel ? Si oui, alors vous pouvez juger valablement que la personne vous dit la vérité. D'autre part, si vous sentez une divergence, que le message verbal est incohérent ou en conflit avec le langage corporel, alors vous devez sonder davantage.

Utilisation L'utilisation implique l'examen, l'amélioration ou même le développement de stratégies entièrement nouvelles que vos clients peuvent utiliser pour réussir. À l'aide de cette phase, vous devez d'abord identifier les stratégies de votre client

afin de pouvoir les faire correspondre, puis les rendre plus réceptifs à votre communication.

Par exemple, si vous discernez que le style de segmentation de votre client est dans l'approche globale ou large, alors vous devez faire correspondre vos recommandations qui sont de la même échelle afin qu'ils se sentent plus à l'aise et plus ouvert à votre communication. L'apprentissage sera plus fluide et plus facile à acquérir.

Concevoir Il y aura des situations où votre client n'aura même pas la stratégie en place pour résoudre ses problèmes ou lui permettre d'atteindre ses objectifs. Selon les

principes de la PNL, ce scénario de ne pas avoir les stratégies est une idée fausse. Rappelez-vous l'un des principes de la PNL : que vous disposez de toutes les ressources dont vous avez besoin pour résoudre n'importe quel problème ou atteindre n'importe quel objectif.

Selon ce principe, la raison pour laquelle une personne est incapable de franchir les obstacles se trouve

soit dans les stratégies elles-mêmes, soit dans les modalités utilisées pour tester les critères. En PNL, les stratégies sont remises en question et évaluées par leur efficacité. Les stratégies peuvent être inappropriées, faibles ou même contre-productives par rapport aux intentions du client. Un autre scénario possible est que malgré le succès de la stratégie, le client ignore que le succès a déjà été atteint parce que ses sens ou ses modalités sont trop faibles ou confus pour reconnaître le succès.

Par exemple, votre client veut sortir d'une mauvaise relation. Un exemple de stratégie faible peut être de choisir d'ignorer pour affronter la rupture au lieu de l'affronter, de l'accepter et de passer à autre chose une fois pour toutes. Par conséquent, la stratégie peut fonctionner, mais seulement à court terme. Il procure un

soulagement temporaire, mais pas une guérison totale. Un autre exemple peut être que votre client a déjà le comportement d'avoir évolué, mais il s'accroche toujours à la relation en croyant qu'il est coincé dans la situation.

Pour vous aider, vous pouvez utiliser les principes de la PNL pour aider votre client à comprendre, aborder et surtout accepter la possibilité de stratégies ou de modalités faibles.

Installation

Une fois que ces stratégies ou modalités sont repensées à un niveau ou à une échelle appropriée aux besoins de votre client, la tâche finale est l'installation. C'est alors que les stratégies nouvellement conçues sont non seulement introduites, mais également transformées en quelque chose de plus que des habitudes : des instincts.

La caractéristique la plus importante de cette tâche est un bon ancrage.

L'ancrage, discuté plus en détail dans les sections précédentes, a la capacité d'associer une stratégie à une situation si fortement que la stratégie sera utilisée presque instantanément lorsque la situation se présentera. Une fois que les ancres sont placées et que la stratégie et la situation sont consciemment liées par des exercices répétés et des rappels, les tâches sont terminées.

Notez que les quatre tâches fondamentales ne sont pas uniquement destinées à être utilisées sur d'autres personnes, telles que vos clients ou ceux que vous souhaitez aider. Tant que vous comprenez ces tâches, la PNL vous permettra également d'utiliser ces tâches à votre avantage. Vous pouvez utiliser les tâches pour évaluer vos stratégies en les obtenant. Vous pouvez ensuite vous tester sur la façon dont vous réagissez à ces stratégies en les utilisant dans différentes situations.

Si vous découvrez que vous possédez certaines stratégies inefficaces ou inappropriées, vous pouvez commencer à les concevoir en fonction de vos besoins. Enfin, lorsque vous avez reconstruit vos stratégies, il est maintenant temps de commencer à les installer dans votre quotidien.

Milton Keynes UK
Ingram Content Group UK Ltd.
UKHW020925201123
432908UK00021B/3207